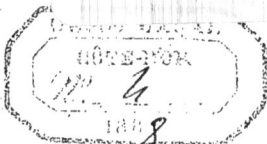

ORDRE DES AVOCATS
Près la Cour d'appel de Dijon

PLAIDOYER

EN

FAVEUR DES CIRCONSTANCES TRÈS ATTÉNUANTES

PAR

Lucien BASTIDE

LAURÉAT DE LA FACULTÉ DE DROIT DE DIJON, AVOCAT A LA COUR D'APPEL

> « Qu'on examine la cause de tous les
> « relâchements, on verra qu'elle vient de
> » l'impunité des crimes, et non de la mo-
> » dération des peines. »
>
> (Montesquieu, *Esprit des Lois*, liv. VI, ch. xii.)

DISCOURS PRONONCÉ A L'OUVERTURE DE LA CONFÉRENCE DES AVOCATS
Le 15 Novembre 1887

DIJON

IMPRIMERIE JACQUOT, FLORET & Cie
Rue Amiral-Roussin, 15
—
1888

ORDRE DES AVOCATS

Près la Cour d'appel de Dijon

PLAIDOYER

EN

FAVEUR DES CIRCONSTANCES TRÈS ATTÉNUANTES

PAR

Lucien BASTIDE

LAURÉAT DE LA FACULTÉ DE DROIT DE DIJON, AVOCAT A LA COUR D'APPEL

> « Qu'on examine la cause de tous les
> « relâchements, on verra qu'elle vient de
> » l'impunité des crimes, et non de la mo-
> » dération des peines. »
>
> (MONTESQUIEU, *Esprit des Lois,* liv. VI,
> ch. XII.)

DISCOURS PRONONCÉ A L'OUVERTURE DE LA CONFÉRENCE DES AVOCATS

Le 15 Novembre 1887

DIJON

IMPRIMERIE JACQUOT, FLORET & Cⁱᵉ

Rue Amiral-Roussin, 15

1888

PLAIDOYER

EN

FAVEUR DES CIRCONSTANCES TRÈS ATTÉNUANTES

Monsieur le Batonnier,

Messieurs,

L'honneur que vous m'avez fait en m'appelant à prendre aujourd'hui la parole devant vous, chers Confrères, et devant nos aînés, m'impose une tâche dont je n'avais pas mesuré, au début, toute l'étendue et les difficultés; aussi mes premières paroles seront-elles, après vous avoir exprimé toute ma reconnaissance pour un choix dont je suis fier sans en tirer d'orgueil, de vous recommander de ne songer qu'avec indulgence aux qualités que vous auriez voulu voir dans ce travail et qui l'auraient rendu digne de vous.

J'ai pensé que ce fait, établi par les statistiques criminelles récentes : l'accroissement continuel du nombre des acquittements en Cour d'assises, méritait d'attirer quelques instants votre attention, et qu'il ne vous serait pas indifférent de rechercher par quels moyens on pourrait opposer une digue au flot toujours montant de la clémence et du pardon.

Bien des remèdes ont été proposés à cette situation; je ne m'attacherai qu'à l'un d'eux qui a fait l'objet d'une proposition de loi soumise au Sénat par l'un des membres les plus éminents de cette haute assemblée : M. Bozérian; et, puisque nous avons été omis à l'enquête qui s'est ouverte sur cette réforme, et à laquelle ont été conviées toutes les Cours d'appel, je m'efforcerai de réparer cet oubli, dans la mesure de mes facultés, en vous faisant connaître mon avis sur la question, et en le motivant (1).

Rassurez-vous, chers Confrères, mes observations auront au moins une qualité, d'autant plus précieuse qu'on nous accuse souvent d'en être dépourvus : la brièveté.

* *

Un des principaux caractères, le plus général peut-être, qui ont marqué l'œuvre de codification accomplie sous le Consulat et le premier Empire, c'est que cette œuvre fut avant tout essentiellement pratique; ce fut là une préoccupation dont nos législateurs se départirent rarement, qui leur servit de guide dans ce travail immense, et les amena parfois, pour trancher une

(1) Qu'il me soit permis d'adresser ici à l'honorable Sénateur et respecté Confrère l'expression de ma sincère gratitude pour la bienveillante courtoisie avec laquelle il a mis à ma disposition les documents constituant le « dossier » de son projet de loi.

controverse, à adopter un compromis entre les coutu-
mes ou les règles anciennes, souvent surannées, et les
principes nouveaux, un peu spéculatifs quelquefois,
issus de la révolution sociale. La transaction n'est-elle
pas un moyen de pacification?

Ce caractère se retrouve tout entier dans l'esprit qui
présida à l'élaboration du Code pénal de 1810. Tout
en ayant soin de rejeter loin d'eux cette idée de ven-
geance divine ou publique, sur laquelle l'antiquité et le
moyen-âge avaient fondé le droit de punir, et de laisser dans l'oubli le système des peines arbitraires appliqué dans notre ancienne France, les rédacteurs du
nouveau Code pénal ne voulurent pas, cependant,
chercher le fondement du droit criminel qu'ils étaient
chargés de codifier, dans les théories philosophiques de
la seconde moitié du dix-huitième siècle. Il ne leur
parut pas que la base du droit de punir reposât, soit
sur un prétendu Contrat social, soit sur une idée
d'Expiation ou de Justice absolue (1). La vérité leur
sembla être contenue dans cette maxime, brève et
expressive, que Bentham venait de mettre en lumière
et de développer : « *Ce qui justifie la peine, c'est son*
« *utilité, ou, pour mieux dire, sa nécessité* » (2). Ce qui
nous prouve que telle fut bien l'idée qui guida nos
législateurs criminels d'alors, ce sont les paroles pro-
noncées par Target à l'occasion du projet de Code
criminel : « C'est la nécessité de la peine qui la rend

(1) Système développé par Kant dans ses *Éléments métaphysiques
de la doctrine du droit*, 1797.
(2) Les *Traités de législation civile et pénale* de Bentham ont été
publiés en 1802 par M. Dumont.

« légitime, disait-il. Qu'un coupable souffre, ce n'est
« pas le dernier but de la loi; mais que les crimes
« soient prévenus, voilà ce qui est d'une haute impor-
« tance. Après le plus détestable forfait, s'il pouvait
« être sûr qu'aucun crime ne fût désormais à craindre,
« la punition du dernier des coupables serait une bar-
« barie sans fruits, et l'on ose dire qu'elle passerait les
« pouvoirs de la loi. *Pœna non irascitur, sed cavet.* »
(SÉNÈQUE) (1).

Prévenir les crimes, tel est, d'après le Code de 1810, le
but principal de toute loi pénale; le châtiment devient
un moyen d'intimidation dont l'emploi est légitime par
cela seul qu'il est nécessaire à l'ordre social. C'est en
se posant constamment ces questions : Qu'exige l'intérêt social? Que veut la sécurité publique? que les
rédacteurs proportionnèrent les peines aux délits
qu'elles devaient réprimer.

On comprendra qu'un pareil esprit, qui sacrifie
entièrement le droit individuel au péril commun, qui
mesure la condamnation sur le danger bien plus que
sur la moralité du fait incriminé, devait nécessairement
conduire à une législation sévère, à une répression
rigoureuse et excessive.

Est-il besoin de rappeler ces peines de la mort civile,
de la marque, de la mutilation du poing pour le parricide, de la confiscation, qui formaient autant de con-
trastes avec la civilisation nouvelle, qui marquaient
autant de retours à la barbarie ancienne? Rappelons-
nous également que dans cette législation première, où

(1) LOCRÉ, t. XXIX, p. 8.

l'on envisageait uniquement le fait délictueux pour
édicter la sanction, on avait été conduit logiquement à
décider que la même infraction devait, en toutes circonstances, être suivie du même châtiment, sans qu'il
y ait lieu d'admettre, suivant les cas, des causes d'atténuation de la responsabilité et de la peine (1).

Cette rigueur parut bientôt exagérée, dès que, sous
l'influence des écrits des publicistes et des moralistes
du début du siècle, et particulièrement de Rossi, on
comprit que les idées d'utilité, de nécessité, insuffi-
santes par elles-mêmes pour servir de base à la loi
pénale, devaient être tempérées par celles de justice,
d'équité, et qu'une peine ne devait pas être seulement
proportionnée à la gravité du fait accompli, mais surtout et principalement au degré de responsabilité morale incombant à l'auteur, responsabilité qui varie suivant les individus et les circonstances.

La fréquence des verdicts d'acquittement vint en
outre démontrer d'une façon plus directe que le législateur avait dépassé la mesure d'une saine répression,
et que l'état des mœurs et les progrès de la civilisation
exigeaient un adoucissement de la pénalité.

La timide réforme opérée par la loi du 25 juin 1824
qui, pour quelques crimes limitativement désignés et
très peu nombreux, autorisa les magistrats de la Cour
d'assises à admettre des circonstances atténuantes, était
incomplète et ne répondait que dans de très faibles

---

(1) Le Code pénal de 1810 n'admettait les circonstances atténuantes qu'en matière correctionnelle, et quand le préjudice ne
dépassait pas 25 fr. (ancien art. 463).

proportions au sentiment de l'opinion publique et aux aspirations des réformateurs. Ces derniers, faisant remarquer qu'il s'agissait de réparer un vice inhérent au système pénal tout entier, soutenaient, avec beaucoup de raison, que la refonte devait être générale (1).

La loi du 28 avril 1832, en généralisant l'application des circonstances atténuantes, donna momentanément satisfaction à ces réclamations et abaissa sensiblement le nombre des acquittements. Cette situation ne fut que très légèrement modifiée, trente-un ans plus tard, par la loi du 13 mai 1863, qui révisa un certain nombre d'articles du Code pénal, mais sans introduire de règle générale nouvelle.

Tel est l'état actuel de notre législation pénale; nous ajoutons, sans crainte d'être accusé de témérité, et avec la certitude de nous trouver du côté de la majorité, que cet état exige une prompte réforme. Avant d'en donner une preuve directe en portant notre examen sur le système appliqué aujourd'hui par nos Cours d'assises, rappelons, pour mieux indiquer ce point, que déjà en 1832, lors de l'élaboration de cette loi modifiant si profondément notre droit pénal, on reconnaissait que l'innovation introduite était insuffisante; on reconnaissait que la base philosophique sur laquelle reposait le Code de 1810 était fausse; on avouait que ce Code formait disparate avec la civilisation de l'époque, et que, pour le mettre à la mode — par-

_____

(1) La loi du 25 juin 1824, art. 4 à 12, n'autorisait la Cour à faire l'application des circonstances atténuantes que pour l'infanticide, les coups et blessures ayant occasionné une incapacité de plus de 20 jours, et certains vols qualifiés.

donnez-moi l'expression — il aurait fallu toucher aux
484 articles qu'il contient, en leur donnant pour
raison d'existence, pour fondement, une idée un peu
moins matérialiste et inexorable que celle de Bentham;
mais on comprit aussi qu'entreprendre un pareil travail, c'était en réalité ajourner la réforme demandée
à une date indéterminée. On voulut « aller au plus
pressé, » suivant une expression contenue dans l'exposé
des motifs, et, à cet effet, on vota une révision que le
rapporteur de la Chambre des députés qualifie lui-
même d' « incomplète ».

Sans doute cette loi du 28 avril 1832 a marqué un
grand progrès, mais il serait bien étrange que son in-
suffisance, reconnue par ses propres auteurs, ne se
soit pas perpétuée et même accentuée depuis l'époque
où elle fut votée, c'est-à-dire depuis plus d'un demi-
siècle, car, pendant ce long espace de temps, les mœurs
et la civilisation ont suivi leur marche progressive,
s'éloignant ainsi d'une législation pénale restée station-
naire.

*
* *

Il y a tout d'abord dans nos lois criminelles — et
ici je prends ce mot dans son sens restreint, voulant
borner cette étude aux infractions qui ressortissent du
jury — un certain nombre de faits coupables pour lesquels la sanction, de l'aveu de tous les criminalistes,
est empreinte d'une exagération bien peu digne de
notre époque, et sur lesquels je passerai rapidement.

N'éprouve-t-on pas un sentiment de profonde pitié,
mêlé d'une certaine crainte vague, en voyant sur les

bancs de nos Cours d'assises, ces filles, presque des enfants pour la plupart, qui ont à répondre d'un crime entraînant la peine capitale? Je sais bien que les magistrats du ministère public, reconnaissant la rigueur de notre loi sur ce point, rigueur qui a disparu des législations étrangères plus récentes, ont renoncé, depuis un certain nombre d'années, à requérir l'application pure et simple de la peine dans ce cas; mais même avec ce palliatif, le jury, très souvent, recule épouvanté, et l'on peut dire que chez nous l'infanticide n'est pas réprimé. La statistique de la période quinquennale 1880-1885 donne une proportion d'acquittements de 46 %, proportion qui s'est élevée à 66 % dans le ressort de la Cour d'assises de Toulouse (1).

Une situation à peu près identique existe pour le crime d'incendie. Le Code de 1810 le punissait de mort dans tous les cas; il n'avait vu dans cet acte coupable qu'une pensée criminelle dirigée contre la personne du propriétaire ou du locataire : c'est ce qui

---

(1) Voir : Jordain, avocat général, Discours de rentrée prononcé devant la Cour d'appel de Toulouse, 1885. — Notre Code est à peu près le seul demandant la peine de mort pour l'infanticide. La plupart des Codes étrangers font en outre une distinction entre la fille-mère qui tue son enfant pour se sauver du déshonneur, et les autres cas, comme la femme mariée qui commet ce même crime pour cacher l'adultère. — La peine de mort, en cette matière, possède encore toutefois quelques partisans. Un conseiller de la Cour d'appel de Bordeaux, M. Olive, rapporteur de la commission constituée au sein de cette Cour pour l'examen du projet de loi relatif aux circonstances très atténuantes, prend énergiquement la défense de la peine capitale. « N'est-il pas évident, dit-il, que l'infanticide « ne pourrait disparaître de l'art. 302, où il figure entre le parricide « et l'empoisonnement, sans y laisser la trace de la plus mons- « trueuse des incohérences? »

explique que la loi du 28 avril 1832, voulant atténuer une pareille sévérité, ait cependant maintenu la peine capitale pour le cas où le feu est mis à une maison habitée ou peut s'y communiquer. Aujourd'hui, le développement des sociétés d'assurances a fait naître une catégorie spéciale de crimes, l'incendie par spéculation, pour laquelle la peine de mort, que dis-je? la peine de cinq années de travaux forcés même, paraît justement excessive, et pour laquelle le jury se voit obligé de prodiguer les acquittements (1).

La législation sur le duel, ou plutôt l'interprétation donnée par la jurisprudence du silence gardé par le Code sur ce point, nous fournit un autre exemple. Après avoir longtemps déclaré qu'il n'était pas punissable, cette jurisprudence en a fait une sorte d'infraction protée pouvant gravir presque toute l'échelle de notre système pénal, jusques et y compris la peine de l'assassinat pour le cas d'un duel à mort. Supposez l'existence d'un duel de cette nature ; supposez de plus que le Ministère public, à raison du caractère spécial de ce duel, des circonstances particulières dans lesquelles il a puisé sa cause, à raison d'un acte de félonie inconscient ou même conscient de l'un des deux combattants, se décide à déférer le fait au jury.........
Combien il est rare que l'espérance du défenseur soit déçue ; et qui songerait à blâmer le jury?

Je signalerai encore les peines de la Complicité et de

(1) La proportion des acquittements, en matière d'incendie de maison habitée, a été de 41 °/₀ dans la période quinquennale 1880-1885. — Cette proportion a été pendant cette même période de 81 °/₀ à Toulouse, pour les incendies par spéculation. Voir JORDAIN, loc. cit,

la Tentative, qui sont les mêmes que celles du crime
consommé, assimilation réprouvée par les législations
étrangères et contre laquelle s'élèvent les protestations
du jury sous la forme de très fréquents acquittements.

Pour toutes ces différentes catégories d'actes criminels et pour quelques autres encore, que je passe sous
silence, la pénalité édictée par notre Code est réputée
excessive, de l'aveu de la très grande majorité des
criminalistes; cet excès de rigueur a pour résultat de
produire l'impunité de certains crimes, car le jury, ému
de la perspective de voir appliquer une peine qui lui
semble, à juste titre, tout à fait disproportionnée à
l'acte incriminé, « oppose à la doctrine de la soumis-
« sion celle de l'omnipotence; il se fait rebelle plutôt
« que de se faire complice » (1); de telle sorte qu'un
publiciste contemporain a pu dire, non sans quelque
raison : « à force de voir absoudre le crime, les masses
« finissent par le confondre avec l'innocence » (2).

*
* *

Ce n'est pas seulement dans les crimes dont il vient
d'être parlé que les acquittements sont fréquents; *le
Compte-rendu de l'Administration de la Justice criminelle pendant la période quinquennale* 1881-1885 nous
montre que le nombre des verdicts de non-culpabilité
va en s'augmentant d'une façon sensible. La proportion,
qui n'était que de 17 ou 18 %, il y a une quinzaine

(1) M. Bozérian, Exposé des motifs de son projet de loi,
(2) Legouvé, *Histoire morale des Femmes.*

d'années, s'est élevée à 22 °/₀ de 1876 à 1880, et à 27 °/₀
de 1881 à 1885. Cette moyenne a été dépassée dans
14 ressorts, notamment à Dijon, où elle atteint 33 °/₀,
à Toulouse, 37 °/₀, et à Montpellier, 38 °/₀ (1). Dans certaine session du département de la Gironde, le nombre
des acquittements a atteint l'énorme proportion de
50 °/₀. Ce sont là des résultats bien faits pour inspirer
la réflexion, surtout lorsqu'on songe — ainsi que le fait
remarquer un conseiller de la Cour de Bordeaux dans
son rapport sur le projet de loi de M. Bozérian — que
toute affaire criminelle, avant de passer devant le jury,
a déjà subi le contrôle et l'examen du juge d'instruction et de la Chambre des mises en accusation (2).

Quelle peut être la source de cet accroissement d'indulgence qui menace de devenir un péril sérieux ?
Faut-il la voir, avec certains publicistes moroses ou
simplement mécontents, dans ce fait « que les principes
« les plus essentiels sur lesquels repose la morale sont
« détruits » (3) ? Faut-il nous affliger avec eux et dire :
« Il semble qu'aujourd'hui il n'y ait plus de discerne-
« ment entre le bien et le mal. Quel est le fait blâma-
« ble qu'on ne trouve à excuser » (4) ? La société
actuelle, aussi violemment mise en cause à propos des
faiblesses du jury, pourrait bien se contenter de répondre que c'est cette accusation elle-même qu'on ne
trouve pas à excuser.

La véritable cause nous est indiquée par les préoc-

---

(1) Voir ce compte-rendu au *Journal officiel* du 14 mai 1887.
(2) Rapport de M. le conseiller Olive.
(3) Voir *Gazette des tribunaux*, lundi 18 mai 1885.
(4) *Eod. loc.*

cupations qui assaillent souvent le jury touchant les
conséquences du verdict qu'il se voit obligé de rendre;
— par l'étonnement qu'il manifeste parfois lorsque la
peine appliquée dépasse ses prévisions, et qui le porte
spontanément à signer un recours en grâce pour atténuer une condamnation qu'il regrette d'avoir fait prononcer; — par le soin qu'il prend, dans maintes circonstances, d'écarter, malgré l'évidence, malgré l'aveu
de l'accusé, des circonstances aggravantes du fait incriminé, dans le but de réduire la peine que la Cour aura à
prononcer.

Sans doute cette pensée est contraire au vœu de la
loi qui a pris le soin d'instruire le jury, dans un langage empreint d'une grande élévation, de la conduite
qu'il doit suivre, du rôle qu'il doit remplir. Elle a
voulu que son examen se portât uniquement sur la
question de savoir si l'accusé est coupable du crime qui
lui est imputé; et, pour assurer à cet examen une
entière liberté, elle avertit les jurés qu'ils « manquent
« à leur premier devoir lorsque, pensant aux disposi-
« tions des lois pénales, ils considèrent les suites que
« pourra avoir, par rapport à l'accusé, la déclaration
« qu'ils ont à faire. »

En formulant ce principe, le législateur avait trop
préjugé du caractère de l'homme, il exigeait de lui
plus qu'il n'en pouvait obtenir, et l'expérience a démontré que cette belle instruction contenue dans l'article 342 du Code d'instruction criminelle devait être
mise au rang de ces objets précieux que l'on expose
aux regards, mais dont on ne se sert pas. Les lois sont
faites par les hommes et pour les hommes; si l'une

d'elles prescrit une règle telle que la faiblesse humaine ne puisse s'y conformer, c'est qu'elle constitue une utopie, une abstraction irréalisable, et partant, qu'elle est inutile et mauvaise. « Le législateur a eu beau « faire, il aura beau faire, dit l'honorable M. Bozérian « dans l'exposé des motifs de son projet de loi, au « moment de déposer son vote, le juré a toujours « pensé et il pensera toujours aux conséquences « pénales de son verdict. S'il a tort d'empiéter sur « son droit, le législateur a eu tort d'empiéter sur sa « conscience.

Involontairement, on pourrait presque dire inconsciemment, sa pensée dépasse la question de fait, il s'exagère les fonctions dont il est investi, et comprend qu'on lui demande, non pas si l'accusé est coupable d'avoir commis l'acte pour lequel il est poursuivi, mais si, à raison de cet acte, il mérite la peine inscrite dans la loi. Il s'arroge alors le droit de peser, d'une part, le degré de responsabilité qu'il impute au criminel, et d'autre part, la gravité de la peine; si cette dernière extraîne le plateau de la balance, il ne veut pas s'associer à ce qu'il considère comme une injustice : il acquitte.

Un fait qui se passe assez fréquemment dans les sessions d'assises nous prouvera l'exactitude de cette proposition. Il arrive parfois que le jury, retiré dans la chambre de ses délibérations, et n'ayant que des notions très vagues sur la peine encourue, désire se faire renseigner; vous savez à qui, en pareil cas, il peut s'adresser; permettez-moi d'emprunter encore le langage de l'honorable sénateur pour vous le rappeler :

« On fait venir le président et on lui pose cette ques-
« tion : Si nous rendons un verdict pur et simple de cul-
« pabilité, quelle sera la conséquence pénale? — Voilà
« le tarif, répond le président. — Si maintenant nous
« accordons les circonstances atténuantes, quel numéro
« du Code pénal sera appliqué et quelle sera la consé-
« quence? — Voilà le tarif. — Et alors le jury, qui ne
« veut ni de l'un ni de l'autre numéro, dit : non, c'est
« trop cher! J'acquitte. »

Sous cette forme plaisante se cache cette vérité, c'est
que le jury peut se voir enserré dans un système pénal
rigide, qui n'est pas suffisamment flexible, même avec
le jeu des circonstances atténuantes, pour s'adapter aux
mille situations sous lesquelles peut se présenter un
acte criminel; il se sent alors placé dans l'alternative
de trop punir ou de ne pas punir : l'équité et la conscience déterminent son choix en faveur de l'absolution.

Notre Code pénal, en dehors de quelques excuses
absolutoires, comme celle qui supprime la peine en cas
de vol entre certains parents, ne reconnaît, comme
excuse atténuante générale, que la minorité et la provocation, et encore le bénéfice de cette dernière ne
peut-il être accordé que sous des conditions sévère-
ment restrictives; et cependant, combien d'influences
variées peuvent agir sur l'esprit et produire une atténuation considérable de la faute!

Le jury a quelquefois à juger de coupables parents
qui, poussés par la misère ou le malheur, voulant
mettre fin à une existence qui ne devait être pour eux
qu'une longue souffrance, ont cherché à se donner la
mort en entraînant avec eux, dans une même destinée,

leurs enfants en bas âge. Par suite de circonstances fortuites, le père ou la mère a échappé à la mort tandis que les enfants n'ont pas survécu. Peut-on blâmer le jury d'avoir trouvé les peines de l'assassinat, même atténuées, encore trop fortes pour une pareille infraction?

S'il s'obstine à déclarer par des verdicts d'acquittement qui peuvent créer un péril sérieux pour la société, qu'en dehors de la provocation, il y a d'autres influences qui peuvent excuser la faute dans une très large mesure, ne doit-on pas tenir compte de ce sentiment, et ne doit-on pas, dans un intérêt général, permettre, pour des cas de ce genre, une plus grande modération de la peine, de façon à prévenir des actes d'indulgence qui sont souvent un scandale, et qui, à un moment donné, pourraient compromettre l'institution du jury?

Aux yeux de ce dernier, c'est-à-dire aux yeux de l'opinion publique, une violente passion, un sentiment de profonde jalousie ou de haine légitime, la crainte de l'abandon, la honte du déshonneur, peuvent créer un état de surexcitation intellectuelle qui, sans faire disparaître, bien entendu, la criminalité de l'acte commis sous son empire, la diminue cependant dans des proportions plus étendues que la loi pénale actuelle ne le permet. — Rappelons-nous ces drames du vitriol, qui, pendant une assez longue période, ont occupé la presse, autant par leur fréquence que par l'impunité dont ils jouissaient en cour d'assises et par le contraste choquant qui se produisait lorsque la main du prévenu, ou plutôt de la prévenue, moins exercée et plus tremblante, moins coupable en un mot, n'avait produit sur

la figure de la victime que des blessures moins graves et relevant seulement de la police correctionnelle : c'était alors la condamnation certaine et méritée, je me hâte de l'ajouter, tandis que le jury, c'était la liberté assurée, quand ce n'était pas l'apothéose ! — Rappelons-nous également cette affaire, qui occupa si fortement l'opinion publique à son heure, dans laquelle une femme de haute condition avait à répondre d'un fait pouvant entraîner la peine capitale et qu'elle avait commis sous l'influence de l'indignation produite par de perfides attaques. Son défenseur disait en se levant : « Messieurs les jurés, s'il ne s'agissait que de quelques « mois de prison, je ne viendrais pas demander l'ac- « quittement de ma cliente... » Reconnaissons avec M. Bozérian, qui rapportait ces paroles devant le Sénat, que c'est là un langage d'avocat, mais remarquons aussi que si notre confrère s'en est servi, c'est qu'il savait devoir être compris par les jurés. — Rappelons enfin ces assassinats à grand effet, dont l'année qui vient de s'écouler nous a donné un exemple dans notre ville même, qui puisent leur cause dans le déshonneur et l'adultère, et qui sont assurés de l'impunité devant le jury.

Si l'on ne veut pas que l'habitude de se faire justice soi-même se répande, il faut absolument prévenir ces acquittements immérités, dont le jury paraît même quelquefois un peu honteux, et qui peuvent constituer un encouragement donné aux criminels de l'avenir.

Puisque leur cause dérive le plus souvent de ce fait que la peine édictée par notre Code pénal est trop sévère, et que l'application du système des circonstances atténuantes est lui-même insuffisant dans bien des cas, c'est en permettant au jury d'assurer une réduction plus large du châtiment qu'on peut espérer légitimement la diminution de ces défaillances judiciaires.

Il est à noter, du reste, que c'est bien moins sur le principe en lui-même que sur la manière d'en faire l'application que la discussion se porte. Sauf de très rares exceptions, tous les criminalistes reconnaissent qu'une prompte modification à nos lois pénales est nécessaire, mais lorsque cette question préliminaire étant tranchée, on se demande quel doit être le sens de la réforme à opérer, chacun suit sa voie et l'on tombe dans l'anarchie la plus complète. N'ayez crainte que je veuille entrer dans l'énumération, et encore moins dans le détail, de tous les systèmes mis en avant depuis quelques années pour satisfaire à cette idée de réforme (1); je garde trop bien le souvenir de la promesse faite au début pour y déroger.

Qu'il me soit seulement permis de faire remarquer que les développements précédents montrent que la réforme à opérer doit être générale. Ce n'est pas dans la révision de quelques articles seulement, dans l'adoucissement de la pénalité pour quelques crimes individuellement déterminés, tels que l'infanticide, l'incendie,

---

(1) Voir l'exposé et la critique des principaux de ces systèmes dans une étude sur *La fréquence des acquittements* et sur *Les circonstances très atténuantes*, insérée dans *La France judiciaire* et due à M. Georges Leloir, procureur de la République à Pontarlier. L'auteur voudrait que, dans le cas où le jury accorde des circonstances atténuantes, la Cour ait le droit de descendre toute l'échelle des peines sans être retenue par aucun *minimum*.

ainsi que le préconisent un certain nombre de publicistes
et de magistrats, que se trouve la solution véritable du
problème. Une pareille mesure, bonne en elle-même,
pourrait atténuer le danger, mais sans le faire disparaître. L'expérience a montré que c'est dans toute es-
pèce de crime qu'il y a lieu de redouter l'indulgence
excessive du jury, la logique exige dès lors que le remède employé s'applique à tous les crimes.

*
* *

Telle est la pensée qui a inspiré le projet de loi de l'honorable M. Bozérian. Son auteur s'est tenu le langage
suivant : « Puisque c'est le caractère excessif de la
« peine qui entraîne souvent le jury à des acquit-
« tements immérités; puisque c'est le défaut d'élas-
« ticité, en quelque sorte, de notre système pénal, qui
« le détermine souvent à sortir d'une alternative em-
« barrassante par un acte de clémence regrettable, —
« il faut lui permettre de provoquer une réduction
« plus accentuée, — il faut le mettre à même de pou-
« voir proportionner, avec plus d'équité, le châtiment
« à la culpabilité de l'accusé. La loi du 28 avril 1832
« avait déjà fait un pas en ce sens en introduisant
« l'usage des circonstances atténuantes; ce progrès est
« jugé insuffisant, il faut aller au delà et autoriser le
« jury à admettre des circonstances très atténuantes,
« qui, dans tous les cas, auront pour résultat de n'en-
« traîner que l'application d'une peine correctionnelle. »
Tel est, en résumé, l'esprit de cette réforme proposée, dont je me déclare partisan, et à la défense de

laquelle je regrette de ne pouvoir apporter qu'une conviction dénuée de toute autorité.

Le texte primitif de ce projet, tel qu'il avait été rédigé par M. Bozérian, portait que si le jury reconnaissait l'existence de circonstances très atténuantes, la Cour pourrait, dans tous les cas, appliquer les dispositions de l'article 401, sans pouvoir toutefois abaisser la peine au-dessous du minimum des peines correctionnelles (1). — La commission, à l'examen de laquelle fut renvoyé le projet en question, tout en adoptant son principe, fit « observer tout d'abord que c'était là « une simple faculté laissée à la Cour d'assises; qu'elle « pourrait ne pas avoir égard à la déclaration du jury; « que l'on s'exposerait, par suite, à voir se produire « des conflits entre les magistrats et les jurés, et que « ceux-ci, sachant qu'il pourrait ne pas être tenu « compte de la teneur de leur verdict, continueraient à « préférer la certitude d'un acquittement à l'incer- « titude d'une atténuation de la peine. On a fait re- « marquer ensuite que, permettre à la Cour d'abaisser « les peines au minimum des peines correctionnelles, « ce serait véritablement dépasser la mesure, et que, « dans certaines circonstances, un acquittement serait « préférable à l'application d'une peine de six jours de « prison ou de 16 francs d'amende. »

L'auteur de la proposition reconnut la justesse de ces observations et s'y conforma en modifiant son projet dont voici le texte définitif, tel qu'il a été soumis à

(1) Voir ce texte à la suite de l'exposé des motifs : annexe au procès-verbal de la séance du 4 mai 1885, n° 121.

l'examen de la Cour de cassation et des Cours d'appel, tel qu'il doit venir en discussion dans le courant de la présente session parlementaire (1).

ARTICLE 1ᵉʳ. — L'article 341 du Code d'instruction criminelle est ainsi modifié :

« En toute matière criminelle, même en cas de ré-
« cidive, le président, après avoir posé les questions
« résultant de l'acte d'accusation et des débats, avertit
« le jury, à peine de nullité, que, s'il pense à la ma-
« jorité qu'il existe en faveur d'un ou de plusieurs ac-
« cusés reconnus coupables, des circonstances atté-
« nuanes ou même *très atténuantes*, il doit en faire la
« déclaration en ces termes : « A la majorité il y a des
« circonstances atténuantes, » ou « *il y a des circon-*
« *stances très atténuantes* en faveur de l'accusé... »
(La suite comme à l'article).

ART. 2. — Le dernier paragraphe de l'article 463 du Code pénal est remplacé par les paragraphes suivants :

« Lorsque les circonstances auront été reconnues
« très atténuantes par le jury, la Cour appliquera les
« dispositions de l'article 401 relatives à l'emprison-
« nement et à l'amende, sans pouvoir élever la peine

---

(1) Le projet déposé sur le bureau du Sénat par M. Bozérian comprend deux parties. La première est relative au sujet que nous traitons ; la seconde, de moindre importance, et qui ne paraît soulever aucune objection, a pour but de combler une lacune observée depuis longtemps déjà dans notre législation correctionnelle : elle décide que dans le cas où, par suite de l'application de circonstances atténuantes, la peine de l'amende se trouve substituée à celle de l'emprisonnement, le maximum de cette amende sera porté à 3,000 fr.

« de l'emprisonnement au-dessus de 2 ans, ni l'abaisser
« au-dessous de 3 mois... »

Ainsi donc, l'effet résultant de l'application faite par
les jurés de ce second degré d'indulgence sera d'as-
treindre la Cour à prononcer une peine d'emprisonnement dont le maximum est de 2 ans et le minimum
de 3 mois.

*
* *

Un pareil système est-il absolument nouveau et n'en
peut-on pas trouver de traces dans les législations
étrangères?

Assurément ce n'est pas à la Turquie que l'honorable sénateur a emprunté son projet de loi. Ce pays
n'admet pas encore l'indulgence des circonstances atténuantes. Dure patrie pour les criminels!

L'usage du jury anglais de recommander à la Cour
l'accusé en faveur duquel militent des causes d'atténuation, produit un effet analogue au système qui
nous régit actuellement, car la Cour se fait un devoir
d'obtempérer au désir manifesté par le jury.

La plus grande partie des États de l'Europe admet-
tent le jeu des circonstances atténuantes en lui faisant
produire des effets tantôt plus restreints, tantôt plus
étendus qu'en France. — C'est ainsi qu'en Hongrie, le
Code pénal des délits et des crimes de 1878 permet au
juge, sans aucune déclaration préalable, de réduire la
peine au minimum légal, s'il estime qu'il y a des circonstances atténuantes, et même de substituer à la
peine édictée par le Code, la peine du degré immédia-
tement inférieur (Art. 91 et 92).

En Hollande, de très importantes réformes ont été opérées par le nouveau Code pénal du 3 mars 1881, qui supprime la distinction entre les crimes et les délits, et remplace la peine de mort par l'emprisonnement cellulaire. Le système des circonstances atténuantes disparaît également, mais pour recevoir, sous un autre aspect, une extension beaucoup plus large. En effet, le nouveau Code supprime la variété des minimums de peine afférents à chaque infraction; il n'y a plus qu'un minimum unique, très faible : un jour de prison et un demi-florin d'amende, et, pour tous les crimes, même les plus graves, le magistrat — car le jury ne fonctionne pas en Hollande — peut descendre jusqu'à cette légère sanction, ce qui permet, dans tous les cas, de proportionner équitablement la répression au fait coupable accompli. Je signale cet avantage sans avoir l'intention de faire le panégyrique du système en son ensemble.

C'est dans les États Scandinaves et dans le canton de Genève que nous trouvons réellement la source des circonstances très atténuantes; reconnaissons toutefois que dans les premiers de ces États, leur application ne confère au juge qu'un assez faible pouvoir, se rapprochant sensiblement de l'effet produit, dans notre législation, par l'admission des circonstances atténuantes (1).

---

(1) DANEMARK. — Le jury ne tranche que la question de culpabilité, c'est le magistrat qui fait l'application des circonstances atténuantes ou très atténuantes, et l'admission de ces dernières lui permet d'appliquer le minimum de la peine.

SUÈDE ET NORWÉGE. — Le jury n'existe pas. En Suède, l'admis-

Aussi n'est-ce pas de l'exemple donné par ces législations que se prévaut principalement l'auteur de la proposition de loi dont je vous entretiens, pour appuyer la réforme qu'il préconise.

La véritable origine de ce système est dans la législation du canton de Genève où il fonctionne régulièrement depuis la loi du 12 janvier 1844 qui a institué le jury en matière criminelle (1). En 1874, le Code pénal genevois, qui avait calqué ses peines sur notre Code de 1810, fut révisé dans le but d'adoucir la pénalité antérieure, jugée excessive; aussi, la commission chargée de rédiger un projet, faisant remarquer que la répression allait se trouver réduite dans une notable mesure, proposa la suppression des circonstances très atténuantes, estimant que, d'après la nouvelle échelle des peines, le jeu des circonstances simplement atténuantes serait suffisant pour permettre de graduer équitablement la répression. Mais cet avis ne fut pas adopté, ce qui montre l'effet salutaire pro-

sion des circonstances très atténuantes permet au juge de réduire la peine dans d'assez grandes proportions, tout en restant dans le même degré. — En Norwège, elle lui permet, dans le cas où le Code édicte deux peines pour le même fait, d'appliquer la plus faible. — Ces renseignements, et une partie de ceux relatifs à l'état actuel des législations étrangères sur le point qui nous occupe, sont dus au remarquable discours de rentrée, prononcé en 1885 devant la Cour d'appel de Riom, par M. l'avocat général Fournez, qui se déclare partisan d'une réforme limitée à quelques articles et à quelques crimes, tels que l'infanticide, l'incendie, etc.

(1) Art. 72, 73, 74, aujourd'hui refondus dans la législation. — La loi du 4 mars 1848, qui a établi le jury en matière correctionnelle, a également introduit le système des circonstances atténuantes et très atténuantes pour les délits.

duit par le régime antérieur, et le nouveau Code pénal du 21 octobre 1874 continua les errements du passé (1).

Ce Code ne reconnaît que trois peines criminelles qui sont : la réclusion à perpétuité, la réclusion à temps et le bannissement. « Lorsque le jury a ajouté « à sa déclaration que l'accusé a agi en des circons- « tances très atténuantes — porte l'article 41 de ce « Code; — si la peine établie par la loi est la réclu- « sion à perpétuité, la Cour prononce un emprisonne- « ment de 4 ans ou au-dessous, sans minimum; si la « peine établie par la loi est la réclusion à temps, la « Cour prononce un emprisonnement de 2 ans ou au- « dessous, sans minimum; si la peine établie par la loi « est le bannissement ou une peine correctionnelle, la « Cour prononce une peine qui ne peut dépasser le « quart du minimum déterminé par la loi. »

Comme on vient de le voir, dans le canton de Genève la déclaration faite par le jury, que l'accusé a agi en des circonstances très atténuantes, a pour effet de ré- duire la sanction à une peine correctionnelle dont le maximum est, suivant les cas, de 4 ans, 2 ans, ou du quart du minimum de la peine fixée par la loi. La détermination d'un maximum unique, comme dans le projet de M. Bozérian, paraît préférable, car la limite entre ce maximum et le minimum permettra toujours d'établir une gradation suffisante dans les châtiments.

Ce que je tiens à signaler en terminant ce court

(1) Voir art. 40, 41, 42. — L'existence des circonstances très atté- nuantes a encore été maintenue par le nouveau Code d'instruction pénale du 25 octobre 1884.

aperçu d'un des côtés de la législation pénale du canton de Genève, c'est que le motif qui a déterminé les législateurs de cette petite mais vaillante et très instruite contrée est bien identiquement celui que j'ai essayé de développer : « Il fallait qu'en même temps qu'il cons- « taterait le fait punissable — dit en effet un crimi- « naliste genevois — le jury eût le pouvoir de mettre, « dans de certaines limites, la peine en rapport avec le « degré de culpabilité morale, et qu'il ne fût pas poussé « à prononcer un acquittement immérité, par la crainte « de voir les juges appliquer une peine que les cir- « constances auraient démontrée disproportionnée à la « nature particulière du crime. On fut ainsi amené à « établir une sorte d'échelle morale de culpabilité pour « chaque fait, et à laisser au jury la faculté de classer « le coupable dans l'un ou l'autre des trois degrés dont « se compose cette échelle (1). »

Ce n'est donc pas, à proprement parler, une innovation, un régime inconnu qu'on s'efforce d'adapter à nos lois ; c'est un système qui, depuis 43 années, fonctionne dans une des parties les plus civilisées de l'Europe. — Malgré cette forte recommandation, cependant, on ne laisse pas de l'attaquer assez violemment, et nous devons, pour terminer, examiner rapidement les principales objections qu'on lui oppose, et chercher à les résoudre.

(1) FLAMMER, *Lois pénales du canton de Genève*, Introduction historique (Genève, 1862).

La proposition de M. Bozérian n'a pas encore subi l'examen des deux Chambres, mais cependant un premier assaut lui a déjà été donné au Sénat le jour où elle est venue en première délibération, par l'honorable sénateur M. Grandperret. Il demanda et obtint, sans aucune objection, son renvoi à l'examen de la Cour de cassation et des Cours d'appel, mais, au préalable, il s'efforça de lui attacher aux pieds un boulet qui devait lui imprimer quelque peu l'aspect d'un accusé traduit devant ses juges (1).

L'honorable M. Grandperret voit d'abord, dans ce projet de loi, « pour le jury, une extension de pouvoir « peu conforme à l'esprit de nos Codes criminels. » — Permettre ainsi au jury de prendre légalement en considération, pour formuler son verdict, la nature et la gravité de la peine qui sera encourue; lui permettre, même pour un crime capital, de faire réduire la peine à un aussi faible minimum que celui qu'on indique, — ce serait rayer d'un trait de plume cette belle théorie de la distinction du droit et du fait, formulée par le Code et si magistralement exposée dans l'article 342 du Code d'instruction criminelle ; — ce serait « empiéter sur les attributions des magistrats, » les « mettre en suspicion, » suivant les expressions mêmes de l'honorable sénateur ; — et ce serait enfin reculer d'un grand pas en arrière et faire revivre l'ère qu'on croyait à jamais proscrite, dans laquelle, le juge, par sa sentence, fixait arbitrairement la peine.

Un tel reproche dépasse certainement le but, car il

(1) Voir le Discours de M. Grandperret, *Journal off.*, 6 avril 1886.

ramène la question à son point de départ. Assurément,
si l'on estime qu'il faut, par tous les moyens possibles,
contraindre le jury à respecter la distinction inscrite
dans nos lois pénales, et si l'on veut le forcer à se ren-
fermer rigoureusement dans le rôle idéal, pour ne pas
dire imaginaire, que lui impose le Code de 1808, la réforme proposée par M. Bozérian doit être rejetée comme
portant atteinte à ces principes, comme constituant un
acte de faiblesse, et il serait alors beaucoup plus logique d'édicter une loi infligeant une amende sévère à
tout juré qui, dans l'exercice de ses fonctions, aurait
eu la faiblesse de laisser influencer son vote par la
crainte de la gravité du châtiment. — Mais si, comme
l'expérience l'a constamment démontré, cette distinction abstraite est au-dessus des forces de l'homme
et irréalisable, pourquoi vouloir en maintenir l'application rigide ? — Le premier pas dans cette voie n'a-t-il
pas, du reste, été fait par le législateur lui-même, lorsque, en 1832, il donna au jury la possibilité de juger
et de modifier la loi au gré de sa conscience. Les récri-
minations furent certainement aussi vives à cette
époque qu'elles pourront l'être aujourd'hui. Un grand
nombre de magistrats ne voyaient dans la proposition
de réforme que le bouleversement des principes de
notre législation criminelle, qu'une atteinte portée à la
souveraineté de la loi, et cependant combien son effet
fut salutaire !

Comment pourrait-on, en outre, s'arrêter à cette considération que l'admission des circonstances très atténuantes serait le rétablissement, dans notre droit, des
peines arbitraires abolies par la Révolution ? Un pareil

reproche pourrait, à la rigueur, et partiellement, être
adressé à ceux qui pensent que le remède à la situation
actuelle serait dans la suppression de tout minimum
pour le cas où le jury accorderait des circonstances atténuantes, et dans le droit, pour les magistrats de la
Cour, d'appliquer en pareille occurrence telle peine qui
leur semblerait équitable. Mais on ne voit pas qu'une
pareille objection puisse être soulevée contre le système que je défends actuellement. La peine n'est-elle
pas aujourd'hui même entièrement à la discrétion du
jury puisqu'il peut, à son gré, la faire appliquer, la
faire atténuer ou la supprimer? L'extension plus ou
moins grande de son droit d'atténuation n'est pas de
nature à ramener nos institutions à un passé disparu
depuis un siècle.

Aussi, n'est-ce pas sur ce terrain que la discussion
s'engagera avec le plus d'acharnement. L'opposition por-
tera certainement toutes ses forces sur un autre point.

Elle condamne notre système comme devant produire
des résultats contraires à la dignité de la loi, à l'autorité
de la justice, et comme devant avoir pour conséquence
directe et immédiate un abaissement exagéré de la pénalité, abaissement d'autant plus dangereux pour la sécurité générale, qu'il aurait nécessairement pour effet
de multiplier le nombre des crimes.

Et d'abord, dans ce fait que, en cas de circonstances
très atténuantes, la peine applicable ne serait qu'une
peine de 3 mois à 2 ans de prison, on voit une atteinte
portée à la conscience publique, qui se refuserait, dit-on,
à admettre qu'un crime d'assassinat, par exemple, pût
être sérieusement réprimé par une telle condamnation,

et l'on ne craint pas d'ajouter qu'un acquittement serait préférable à un châtiment aussi dérisoire.

Faire ce raisonnement, c'est revenir à la théorie uti-
litaire de Bentham et soutenir que le caractère d'une
peine doit être uniquement déterminé par la gravité
du fait accompli, sans qu'il y ait lieu de tenir compte
des causes d'atténuation ou d'excuse qui peuvent diminuer, dans de très larges proportions, la culpabilité.
Sans doute, en fait, l'échelle des peines doit corres-
pondre à l'échelle des actes criminels; mais cette règle
ne doit pas être inflexible, car, punir toujours le même
délit de la même peine, c'est prétendre que dans tous
les cas la responsabilité incombant aux auteurs de cet
acte est la même, c'est vouloir passer un niveau éga-
litaire sur toutes les volontés criminelles, alors que, au
contraire, la raison et l'expérience prouvent qu'en cette
matière la diversité existe à l'infini. ⹀

Le Code de 1810, lui-même, n'avait-il pas tenu
compte de cette vérité, dans une mesure bien res-
treinte, il est vrai, quand il déclarait que la provocation constituait une excuse dans certains cas et pour
certains crimes, et quand il décidait que si elle avait
été la cause d'un crime emportant la peine de mort,
les travaux forcés à perpétuité ou la déportation, la
peine serait réduite à un emprisonnement de 1 à 5 ans,
et que, pour les autres crimes, la peine serait réduite
de 6 mois à 2 ans? (Art. 326 C. pénal). A-t-on songé à
trouver cette indulgence ridicule?

Cette cause d'une très large réduction de la peine
peut provenir d'une quantité d'autres faits que la provocation, ainsi que le montrent souvent les acquit-

tements du jury, et, pour ces cas-là, on ne peut pas
dire qu'une peine qui, au gré de la Cour, peut toujours être portée à deux années de prison, soit une
peine dérisoire. Ce qu'il y a de profondément dérisoire, ce sont bien plutôt ces verdicts d'absolution
rendus contre l'évidence et qui produisent de regret-
tables effets : « Qu'on examine la cause de tous les
« relâchements, dit Montesquieu, on verra qu'elle
« vient de l'impunité des crimes et non de la modé-
« ration des peines (1). »

On déclare que le système de M. Bozérian aurait
pour résultat d'énerver la répression et de multiplier le nombre des criminels qui ne seraient plus
retenus par la perspective salutaire d'une énergique
punition. — Élever une pareille prétention, c'est poser
en fait, ce qu'on ne prouve pas du reste, que le jury
abusera de la latitude qui lui sera donnée. Depuis
43 ans, le système des circonstances très atténuantes
fonctionne dans le canton de Genève et l'inconvénient
qu'on signale ne s'est pas produit puisque ce système a
été maintenu lors des différents changements de législa-
lation pénale qui ont eu lieu depuis la loi qui l'avait
établi. Il est bien permis de croire qu'il en sera de
même en France et que le nouveau régime, loin de
favoriser le développement des crimes, tendra plutôt
à les restreindre, à restreindre tout au moins ceux qui,
en vertu d'une sorte de convention tacite, sont assurés de l'impunité du jury. Qu'on ne s'y trompe pas,
en effet; c'est cette dernière catégorie d'actes criminels

(1) *Esprit des Lois*, liv. VI, ch. XII.

qui est tout particulièrement, je pourrais dire uniquement visée par la modification proposée. Loin d'avoir
pour résultat de diminuer le nombre des verdicts em-
preints d'une sévérité juste et méritée, elle ne tendra
qu'à diminuer le nombre des actes de faiblesse qui sont
inspirés par la situation d'un accusé parfois digne
d'intérêt, et par les sévérités de la loi. Une mesure
qui tend à ce but est une mesure de répression, non
de clémence, ses conséquences ne peuvent être que
salutaires. N'est-il pas vrai, en effet, de dire avec Bec-
caria : « la perspective d'un châtiment modéré, mais
« auquel on est sûr de ne point échapper, fera tou-
« jours une impression plus vive que la crainte vague
« d'un supplice terrible dont l'espoir de l'impunité
« anéantit presque toute l'horreur ».

Est-ce à dire que le jeu des circonstances très atténuantes préviendra tous les acquittements; ce serait
une naïveté de l'espérer, car il faut bien reconnaître
avec M. Grandperret, que le jury parfois se laissera
entraîner par les « suggestions les plus humaines, les
« plus pressantes de la sympathie et de la pitié, »
et qu'il verra encore, dans certains cas, l'existence de
véritables « circonstances amnistiantes. » Mais j'estime que cette réforme aura du moins pour résultat
certain, et à coup sûr très important, de diminuer le
nombre des acquittements qui ne fait que s'accroître, et
d'assurer équitablement la répression de certains crimes que le jury se refuse à punir actuellement par
crainte des rigueurs de notre Code pénal.

Me voici parvenu au terme de ma course; il ne me
reste plus qu'un devoir à remplir au nom de mes con-

frères du stage. Je suis heureux d'en être chargé, car il me permet d'exprimer directement au maître qui a présidé nos conférences de l'année écoulée, combien nous lui sommes reconnaissants des leçons puisées à son école. Dans ces luttes factices, où le seul intérêt en jeu était notre amour-propre, nous avons appris à connaître le jurisconsulte savant, après avoir admiré l'orateur à la barre, et nous avons été touchés du zèle et de la courtoisie dont il n'a cessé de faire preuve dans l'exercice de fonctions qu'il savait rendre si gracieuses (1).

(1) M. Toussaint.

Dijon, imp. Jacquot, Floret et Cⁱᵉ

www.ingramcontent.com/pod-product-compliance
Lightning Source LLC
Chambersburg PA
CBHW060509210326
41520CB00015B/4167